Super

Régime alimentaire approprié pour les cochons d'Inde

Un guide sur l'alimentation appropriée pour les cobayes et sur la manière de réduire vos coûts

ALINA DARIA

Copyright © 2020 Alina Daria
Tous droits réservés.
ISBN : 9798674981626

Contenu

Préambule 7

La physiologie du cochon d'Inde 10

La vitamine C 16

S'alimenter pour la première fois 17

Où puis-je trouver des aliments adaptés aux espèces ?
.... 20

Le foin 25

Le gazon 30

Herbes sauvages 33

Arbres : feuilles et branches 56

Laitues 64

Verdure de légumes gratuite au supermarché et au marché hebdomadaire 69

Les choux 72

Autres légumes 75

Les friandises 83

Les granulés et les aliments secs 90

Le changement de l'alimentation 96

Epilogue 99

L'empreinte 101

Pour Leopold, Lexi et Lana.
Et pour tous les autres cobayes !

Préambule

Il peut être effrayant de constater que de nombreuses personnes ne donnent pas à leurs animaux de compagnie un régime alimentaire adapté à leur espèce. Bien sûr, cela n'est pas fait délibérément, mais surtout par ignorance. Les gens aiment leurs petits chenapans et ne veulent que le meilleur pour eux.

Ainsi, les gens s'informent, demandent des conseils et étudient différents guides. Malheureusement - ou plutôt : au grand chagrin des animaux - une énorme quantité de fausses informations est diffusée, à la fois sur Internet et en partie dans les guides pertinents.

Mais au moins, les employés de l'animalerie doivent le savoir et être en mesure de donner des conseils raisonnables, n'est-ce pas ? Non, pas du tout. L'animalerie veut vendre sa nourriture extraterrestre tout comme elle veut vous convaincre d'acheter le mignon cochon d'Inde ou le mignon chiot - pour s'approvisionner immédiatement auprès d'éleveurs douteux qui traitent les animaux comme de la pure marchandise et les gardent dans des conditions totalement indignes. Mais c'est une autre affaire.

Ce n'est pas un drame si vous avez également mal nourri vos animaux ou du moins partiellement mal. Il y a tout simplement trop de sources douteuses. Je m'occupe des rongeurs depuis près de trente ans, qu'il s'agisse de hamsters, de cochons d'Inde ou de lapins (ou de tous à la fois). Je frémis en pensant aux erreurs que j'ai commises au début.

Je me suis tenu à ce qui était écrit dans les guides renommés de l'époque. Cependant, dans ces guides, il était également recommandé de garder les cobayes dans une cage petite. De plus, il n'y avait aucun problème à garder un cochon d'Inde seul. bien, c'était il y a presque trente ans. Heureusement, nous en savons plus aujourd'hui !

SUPER POOPERS – RÉGIME ALIMENTAIRE APPROPRIÉ POUR LES COCHONS D'INDE

Alors comment nourrir un cochon d'Inde de manière appropriée à son espèce ? Nous voulons aller au fond de cette question.

Leopold se demande qui a frappé à sa porte. Y a-t-il une livraison de l'herbe fraîche qui arrive ?!

Les critiques de produits sont très importantes pour le succès d'un livre et d'un auteur. Donc, si vous avez lu ce livre, je vous serais très reconnaissant de bien vouloir en soumettre une critique honnête (sur la plateforme où vous avez acheté ce livre). Cela aidera à la fois les futurs lecteurs et moi en tant qu'auteur. Merci !

La physiologie du cochon d'Inde

Heureusement, nous savons tous déjà que les cobayes ne sont ni carnivores ni omnivores. Les cochons d'Inde sont de purs herbivores !

Le cochon d'Inde est originaire d'Amérique du Sud. Par la mer, il a atteint l'Europe par bateau.

SUPER POOPERS – RÉGIME ALIMENTAIRE APPROPRIÉ POUR LES COCHONS D'INDE

Le climat en Amérique du Sud, où vit le cochon d'Inde, est très chaud et souvent relativement humide. Par conséquent, le cochon d'Inde se nourrit principalement d'herbes, d'herbes sauvages et de feuilles. Logique, n'est-ce pas ?

L'herbe est, pour ainsi dire, la base de chaque repas et la nourriture principale des cochons d'Inde. Il n'est donc pas surprenant que le foin soit la principale composante de l'alimentation et qu'il soit recommandé de fournir du foin aux cobayes 24 heures sur 24. Car qu'est-ce que le foin ? Le foin est une simple herbe séchée, généralement enrichie d'herbes sauvages séchées.

Les dents du cochon d'Inde sont conçues pour écraser et broyer la nourriture. Les cochons d'Inde peuvent déplacer leurs dents latéralement et ainsi broyer leur nourriture avant de l'avaler - comme le font les humains. Il s'agit là encore d'une autre différence par rapport au carnivore, car le carnivore (lion, chat, etc.) possède des crocs et des molaires pointues pour briser sa proie et l'avaler en gros morceaux, presque sans la mâcher.

C'est pourquoi il est si important que les cochons d'Inde aient suffisamment à faire avec la mastication de leur nourriture. Avez-vous déjà mangé de l'herbe ? Si ce n'est pas le cas, essayez-le. Honnêtement. L'herbe est si riche en fibres brutes qu'il faut la mâcher sans fin jusqu'à ce qu'on la descende enfin. Cette mastication constante est incroyablement importante pour la préservation des molaires des cobayes. Si les cobayes n'ont pas assez à mâcher, ils peuvent facilement avoir des problèmes dentaires ! La mastication constante provoque l'usure des molaires supérieures et inférieures (pour le mieux).

Si vous êtes déjà propriétaire d'un cochon d'Inde et que vous n'êtes pas sur le point d'acheter votre premier cochon d'Inde, vous avez certainement remarqué la fréquence à laquelle les cochons d'Inde mangent - et combien ils défèquent en conséquence. C'est pourquoi il est si important de ne pas humaniser les cochons d'Inde ; alors que les humains mangent généralement deux à quatre fois par jour et font de "grosses commissions" en moyenne une ou deux fois par jour, les cochons d'Inde mangent entre 30 et 80 (!) fois par jour. Et c'est super important !

Pourquoi ? Parce que les cochons d'Inde ont un estomac sans grand mouvement musculaire. Cela signifie que la nourriture doit toujours être "farcie" par le haut pour que "quelque chose sorte" par le bas. Ce principe est également différent de celui des humains, donc là encore il est important de ne pas humaniser les cobayes. L'appareil digestif humain fonctionne sans cesse et s'entend bien avec deux ou trois gros repas par jour. Le système digestif humain pousse la nourriture vers la prochaine station par lui-même jusqu'à ce que les déchets inutilisables soient finalement excrétés.

SUPER POOPERS – RÉGIME ALIMENTAIRE APPROPRIÉ POUR LES COCHONS D'INDE

Une personne peut même jeûner pendant plusieurs semaines sans mourir de faim et sans fatiguer son système digestif. Le jeûne peut être extrêmement sain pour les humains - mais pour les cochons d'Inde, même quelques heures sans nourriture peuvent être fatales.

Les animaux doivent constamment ajouter de la nourriture pour que le tube digestif fonctionne. La nourriture est poussée de l'estomac vers l'intestin grêle. De là, elle se poursuit jusqu'à l'appendice. L'appendice est l'endroit où les nutriments et les vitamines sont utilisés (c'est pourquoi les excréments de l'appendice sont souvent si sains !) et les "déchets" sont excrétés vers la fin.

Si vous donnez à vos cochons d'Inde une alimentation correcte, vous n'avez pas à vous inquiéter qu'ils prennent du poids et deviennent gras. Les animaux qui sont nourris correctement ne deviennent pas gras. Seuls les humains grossissent, car notre espèce se remplit malheureusement de plus en plus de "déchets". Les seuls animaux qui sont ou deviennent gras sont certains animaux de compagnie - et cela est uniquement dû aux mauvaises méthodes d'alimentation de leurs propriétaires. Ou avez-vous déjà vu un animal gras dans la nature ? Non. Logique, n'est-ce pas ?

SUPER POOPERS – RÉGIME ALIMENTAIRE APPROPRIÉ POUR LES COCHONS D'INDE

Lexi aime produire beaucoup de caca.

La vitamine C

Les cochons d'Inde ne peuvent pas produire de vitamine C par eux-mêmes - les humains non plus. Par conséquent, les humains et les cobayes ont besoin d'absorber la vitamine C de manière externe par le biais de leur alimentation. Cependant, l'ajout de gouttes de vitamine C n'est généralement pas nécessaire. Il est beaucoup plus sain d'absorber la vitamine C par le biais d'aliments frais. Nous verrons plus tard quels aliments frais sont de bons fournisseurs de vitamine C.

S'alimenter pour la première fois

N'oubliez jamais que chaque nouvel aliment doit être nourri lentement. En particulier si vous avez nourri vos cobayes principalement avec des aliments secs (c'est-à-dire du foin et des granulés classiques ou des aliments secs à base de céréales), vous devez passer progressivement à des aliments frais et surveiller de près vos cobayes pour voir s'ils s'y habituent au bon rythme. Réduisez-les pendant une semaine ou deux jusqu'à ce que vous arrêtiez enfin de proposer des aliments secs (sauf le foin - vous devez toujours fournir du foin !). Au début, chaque nouvel aliment ne doit être proposé quotidiennement qu'en petite quantité, par exemple un morceau de la taille d'un ongle ou une poignée d'aliments feuillus, afin que les petits estomacs et intestins puissent s'habituer à tout ce qui est nouveau au début. Sinon, des problèmes de digestion pourraient survenir.

SUPER POOPERS – RÉGIME ALIMENTAIRE APPROPRIÉ POUR LES COCHONS D'INDE

Où puis-je trouver des aliments adaptés aux espèces ?

Tout le monde n'a pas la chance d'avoir une forêt à proximité où poussent toutes sortes d'herbes, d'espèces d'arbres et d'herbes sauvages. Ce n'est pas un problème. Vous n'êtes pas obligé d'offrir à vos cobayes toutes sortes de plantes sauvages si vous n'en avez pas la possibilité. Cependant, jetez un coup d'œil autour de vous et découvrez où vous pouvez trouver des arbres, des herbes et des aromates appropriés dans votre région. En cas de doute, demandez d'abord à votre ville ou à votre district si vous êtes autorisé à cueillir de la nourriture pour vos cobayes à l'endroit concerné. Normalement, ce n'est pas un problème. Peut-être insistez-vous sur le fait que vous ne vous reproduisez pas pour que la ville ne pense pas que votre "collecte" devienne trop.

Dans l'idéal, bien sûr, vous devriez avoir une forêt à proximité immédiate. Dans la forêt, vous trouverez de nombreux types d'arbres différents et de grandes prairies avec une variété d'herbes et de graminées.

Sinon, vous pouvez généralement trouver beaucoup de choses ici aussi :

- Dans le jardin de vos amis et parents (ils seront heureux de vous aider)
- Avec les agriculteurs voisins (bien sûr, demandez d'abord la permission)
- Au bord des routes (idéalement sur les routes pas trop fréquentées à cause des gaz d'échappement ; si vous ramassez au bord des routes, je recommande de bien laver les aliments)
- Dans les parcs
- Près des lacs et des étangs
- Sur les routes de terre

SUPER POOPERS – RÉGIME ALIMENTAIRE APPROPRIÉ POUR LES COCHONS D'INDE

Il est facile à ramasser sur les routes de terre.

Surtout si vous voulez faire votre choix chez des amis, des parents et/ou des agriculteurs, vous devez absolument vous renseigner pour savoir si des poisons (comme la mort-aux-rats) y sont utilisés.

En règle générale, il n'est pas nécessaire de laver les feuilles, les herbes et les herbes sauvages avant de se nourrir. Dans la nature, les animaux mangent aussi leur nourriture sans la laver, ce qui ne pose pas de problème. De nombreux propriétaires de cochons d'Inde signalent également que leurs cochons d'Inde ne touchent de toute façon pas la nourriture sale (qui a été contaminée par l'urine de chiens ou autres). N'oubliez pas que les cochons d'Inde ont un bien meilleur organe olfactif que les humains. Dans la plupart des cas, les cobayes sont très doués pour sélectionner et choisir les meilleurs morceaux de la nourriture. C'est pourquoi il reste souvent quelque chose.

Vous n'avez pas non plus à vous inquiéter s'il a plu et que les herbes, les herbes et les feuilles sont mouillées. Vous pouvez certainement les nourrir de façon humide - encore une fois avec le même raisonnement : Dans la nature, les animaux se nourrissent d'aliments mouillés par la pluie.

SUPER POOPERS – RÉGIME ALIMENTAIRE APPROPRIÉ POUR LES COCHONS D'INDE

Si c'est autorisé, vous pouvez aussi bien ramasser dans certains parcs.

Un lac ou un étang est très approprié pour la collecte de nourriture.

Le foin

Le foin doit être à la disposition de vos cobayes 24 heures sur 24. Le foin est de l'herbe séchée, généralement enrichie d'herbes sauvages séchées comme le pissenlit, etc. Le foin contient une proportion extrêmement élevée de fibres brutes. Ils sont peu caloriques, mais doivent être bien mastiqués. Ceci est particulièrement important pour l'abrasion des dents et pour une digestion intacte.

SUPER POOPERS – RÉGIME ALIMENTAIRE APPROPRIÉ POUR LES COCHONS D'INDE

Dans des conditions idéales, les cochons d'Inde se nourriraient de prairie - surtout d'herbe - 24 heures sur 24, 7 jours sur 7, 365 jours par an. Toutefois, cela n'est pas possible dans tous les pays. Surtout en Europe et en Amérique du Nord, il est souvent impossible d'offrir aux animaux de l'herbe fraîche toute l'année. En hiver, vous pouvez trouver quelques maigres souches d'herbe. Le foin sert donc d'aliment de substitution et est indispensable.

On pense souvent à tort que les cochons d'Inde doivent manger des aliments durs pour pouvoir se frotter les dents. C'est là que commencent la plupart des erreurs. Malheureusement, de nombreux cochons d'Inde se voient souvent proposer du pain dur séché ou des snacks. C'est sous-optimal. À première vue, il peut sembler logique que le pain dur soit bon pour se

« frotter » les dents, mais c'est le contraire qui est vrai. Le pain se ramollit dans la bouche grâce à la salive et n'a pas besoin d'être mâché pendant longtemps. La bouillie est avalée rapidement.

De plus, le pain - ou les céréales en général - saturent les cobayes pendant très longtemps, ce qui est également contre-productif. Les cochons d'Inde doivent manger régulièrement de petites portions. Idéalement, des aliments qui doivent être mastiqués longtemps et à fond - et c'est particulièrement le cas du foin quand il n'y a pas d'herbe fraîche ! Sinon, les dents du cobaye deviendront de plus en plus longues, ce qui peut causer de graves problèmes. C'est différent des humains. Dans le pire des cas, le cochon d'Inde finira par refuser de manger si les dents l'en empêchent, si le vétérinaire doit faire du limage des dents à l'animal ou s'il a des problèmes dentaires et digestifs encore plus graves.

De nombreux cochons d'Inde, qui bénéficient de prairies fraîches ou d'herbe fraîche du printemps à l'automne, ne regardent pas trop souvent le foin sec normal pendant cette période. Lorsque les cochons d'Inde ont le choix entre le foin et l'herbe fraîche, ils choisissent généralement l'herbe fraîche. Et c'est très bien ainsi. Néanmoins, le foin devrait également être offert si de l'herbe fraîche est proposée en même temps

- tout comme l'eau du bol devrait toujours être offerte, même si les cobayes tirent la majeure partie de leurs besoins en eau des aliments frais.

Il faut également noter que les cochons d'Inde choisissent généralement les meilleures tiges dans le foin. Il est normal que les cochons d'Inde ne mangent pas tout le foin qui leur est fourni. Ils doivent avoir la possibilité de choisir les tiges les plus précieuses et de laisser le reste. Vous devez donc fournir du nouveau foin chaque jour, même si l'ancien foin de la veille n'a pas encore été (complètement) consommé. En aucun cas vous ne devez "forcer" les animaux à manger tout cela avant qu'il n'y ait le foin frais.

Il existe plus de deux cents types d'herbe différents, mais très peu d'entre eux sont utilisés comme fourrage. La plupart du temps, entre deux et douze types d'herbe différents sont utilisés pour faire du foin. Il s'agit par exemple du ray-grass, du dactyle ou de l'herbe des prés.

Le foin doit toujours être stocké au sec. Il ne doit pas entrer en contact avec l'humidité. Il doit également être stocké dans un endroit sombre - par exemple, une boîte en bois, des boîtes en carton ou des sacs en tissu sont idéaux pour le stockage, car le foin peut encore "respirer". Les emballages en plastique sont donc inadaptés.

SUPER POOPERS – RÉGIME ALIMENTAIRE APPROPRIÉ POUR LES COCHONS D'INDE

SUPER POOPERS – RÉGIME ALIMENTAIRE APPROPRIÉ POUR LES COCHONS D'INDE

Le gazon

La nourriture préférée absolue et incontestée des cochons d'Inde : le gazon simple ! Tous les types d'herbe conviennent comme aliments et sont extrêmement importants pour l'abrasion des dents et pour la digestion.

Veuillez ne pas nourrir le gazon fauché. Il est préférable de simplement arracher ou déchirer l'herbe à la main ou de la couper avec des ciseaux (de jardin). Si vous coupez l'herbe avec une tondeuse électrique, alors l'herbe fermente rapidement pouvant donner des troubles du transit.

SUPER POOPERS – RÉGIME ALIMENTAIRE APPROPRIÉ POUR LES COCHONS D'INDE

Je le répète : ne vous inquiétez pas si l'herbe est mouillée. Vous pouvez le nourrir. Après tout, dans la nature, les cochons d'Inde nourrissent également l'herbe lorsqu'il a plu. De cette façon, les cobayes absorbent encore plus de liquide que s'ils ne mangeaient que de l'herbe sèche.

Cependant, il ne faut pas laisser traîner l'herbe humide (ou l'herbe en général) trop longtemps, car elle fermente. Il est préférable de nourrir l'herbe le jour même ou le lendemain. Il faut cependant s'assurer que l'herbe n'a pas encore commencé à fermenter et qu'elle semble encore fraîche et croquante.

SUPER POOPERS – RÉGIME ALIMENTAIRE APPROPRIÉ POUR LES COCHONS D'INDE

Herbes sauvages

Bien que l'on puisse trouver différentes herbes presque partout, la recherche d'herbes sauvages peut parfois être un peu plus compliquée.

Selon l'endroit où vous vivez, vous pourrez trouver plus ou moins de nombreux types d'herbes sauvages dans votre région. Plus vous proposez d'herbes sauvages différentes, mieux c'est, bien sûr, car les cobayes sont des spécialistes de la recherche de ce dont ils ont besoin.

Certaines herbes sauvages se trouvent presque partout. Je dirais que presque tout le monde peut au moins trouver des pissenlits et des orties - et des marguerites, bien sûr. Peut-être aurez-vous la chance d'avoir une forêt ou d'autres espaces verts près de chez vous. Souvent, vous ne faites même pas attention aux plantes dont vous êtes entouré chaque jour. Vous avez peut-être aussi des amis ou de la famille qui ont un jardin où poussent des herbes sauvages.

Nous commencerons par les classiques ci-dessous !

Le pissenlit

Le pissenlit est sans aucun doute l'une de mes herbes préférées - et plus important encore : l'une des herbes préférées de mes cochons d'Inde. L'expérience montre que les feuilles de pissenlit sont particulièrement populaires. Mais vous pouvez nourrir toute la plante, y compris la tige et la fleur.

Le pissenlit contient beaucoup de provitamine A et aussi de la vitamine C (environ 67778 µg pour 100 grammes). Comme les cobayes ne peuvent pas produire eux-mêmes de la vitamine C, les pissenlits sont une source parfaite de cette vitamine.

On critique souvent le fait que les pissenlits ont trop de calcium et que cela peut favoriser les dépôts de calcium, ce qui peut entraîner des calculs urinaires et rénaux et de la boue dans la vessie. Toutefois, cela ne s'applique que si le cochon d'Inde reçoit un régime alimentaire étranger à l'espèce.

Normalement, si les cochons d'Inde sont nourris avec un régime composé principalement d'herbe, d'herbes et de légumes, ces maladies ne peuvent pas se développer parce que le cobaye excrète trop de calcium dans l'urine. Avec un régime alimentaire adapté à l'espèce, le cobaye absorbe suffisamment d'eau pour simplement évacuer l'excès de calcium.

Pissenlit avec fleurs et feuilles

Ne soyez donc pas surpris si vous trouvez de l'urine blanchâtre dans l'enclos de vos cobayes - c'est juste un signe que le calcium a été éliminé, donc il n'y a généralement pas lieu de s'inquiéter.

Les problèmes ne peuvent survenir que si le cochon d'Inde mange trop de nourriture sèche, en particulier des granulés. Les boulettes sont extrêmement étrangères et n'ont pas leur place dans le ventre du cobaye. Où dans la nature un cochon d'Inde trouverait-il et mangerait-il des granulés ? Correct, pas du tout. Les pierres à lécher de sel sont également totalement superflues, car le sel est connu pour tirer l'eau du corps.

Les pissenlits ont également un effet diurétique. Ils veillent donc à ce que le corps soit toujours bien « rincé ».

L'ortie

Il est vrai que tout le monde ne sera pas ravi de lire des informations sur les orties ici. Tout le monde la connaît, tout le monde sait à quoi elle ressemble et surtout, tout le monde sait combien son toucher peut être douloureux. Néanmoins, l'ortie est l'une des herbes les plus saines de toutes. Comme le pissenlit, elle a un effet diurétique et purifie également le sang. L'ortie contient également beaucoup de vitamine C (jusqu'à 333 000 µg pour 100 grammes) et aussi des minéraux importants comme le fer et le magnésium. En outre, les orties contiennent une grande quantité de vitamine B1, mais aussi de la vitamine E, A et diverses autres vitamines B.

L'ortie

Les orties brûlent à cause de leurs petits poils et peuvent provoquer des papules sur la peau. Mais cela ne doit pas forcément se produire - si vous coupez la plante au bas de la tige et que vous la tirez ensuite de bas en haut à travers votre main, le bout des poils se casse et ils ne brûlent plus. Il est préférable de le faire avec des gants. Vous devez également tirer plusieurs fois sur toute l'ortie (je recommande trois ou quatre fois) pour vous assurer que tous les poils sont pris. Si vous vous brûlez, ce n'est pas une raison pour paniquer - il ne se passe rien. De toute façon, les cochons d'Inde ne peuvent pas se "brûler" sur des orties. Cependant, les cochons d'Inde préfèrent les orties qui ne sont pas tout à fait fraîches mais légèrement fanées. Vous pouvez donc les laisser quelques heures de plus.

Les marguerites

Quand les cochons d'Inde mangent des marguerites, non seulement ils sont très mignons, mais ils sont aussi extrêmement sains ! Les marguerites contiennent de précieuses substances amères et des flavonoïdes. Ils ont un effet antioxydant et contribuent à renforcer le système immunitaire. Les marguerites contiennent également du magnésium, du fer, du potassium et des vitamines A, C et E. La plante entière peut être nourrie, en particulier la fleur est très appropriée. De plus, les marguerites stimulent la digestion, nettoient le sang et stimulent le métabolisme - elles sont donc idéales pour l'alimentation des cobayes.

Des marguerites dans un pré

Le trèfle

Les trèfles

Le trèfle est heureusement très facile à reconnaître, car les feuilles sont très caractéristiques et faciles à retenir. De plus, tout le monde sait qu'un trèfle à quatre feuilles porte chance - l'apparence du trèfle est donc très familière.

Trèfle rouge avec sa fleur rose typique

Les feuilles et les fleurs du trèfle peuvent être utilisées ou mangées et nourries. Le trèfle contient du potassium, du calcium, du magnésium, de la vitamine C, de la vitamine B1, de la vitamine B3, des flavonoïdes et de nombreux autres ingrédients précieux. Il s'agit donc d'un aliment optimal pour les cobayes.

Le plantain de ribwort

Les feuilles du plantain ribwort

Le plantain de Ribwort est connu comme un antibiotique naturel et est communément considéré comme une plante médicinale. Il existe près de deux cents espèces différentes de plantain, dont le plantain à côtes est sans doute le plus commun et le plus facile à trouver dans la plupart des régions. La plante entière est saine et peut être nourrie, les feuilles étant généralement les plus appréciées.

Le plantain de Ribwort, par exemple, est riche en vitamine C, zinc, vitamines B, acide silicique et potassium. Elle a un effet antibactérien, nettoie le sang et peut inhiber l'inflammation. Le plantain de ribwort convient donc parfaitement à l'alimentation des cochons d'Inde.

De plus, le plantain de ribwort a un excellent effet antibiotique et peut donc aider à soigner les infections de la gorge, du pharynx et des poumons si un cochon d'Inde attrape un rhume malgré toutes les précautions. Les rhumes sont à prendre très au sérieux chez les cobayes et doivent absolument être traités par un vétérinaire, sinon une pneumonie (malheureusement souvent mortelle) pourrait se développer très rapidement.

La fleur typique du plantain de ribwort

La camomille

Les fleurs de camomille

La plupart des gens connaissent probablement la camomille principalement sous la forme de thé à la camomille. Mais derrière elle se cache une belle plante, délicieuse et curative, qui est également appréciée des cobayes.

La camomille est particulièrement bonne pour les maux d'estomac. Ainsi, si votre digestion a été un peu déréglée, la camomille peut vous aider et vous soulager très bien. La camomille pousse entre mai et septembre et se trouve principalement en Europe sur les terres en jachère ou dans les champs.

Les fleurs de camomille sont non seulement un bon remède aux problèmes digestifs et aux maux d'estomac, mais elles ont également des propriétés anti-inflammatoires, antibactériennes et antioxydantes grâce aux flavonoïdes qu'elles contiennent.

La sarriette des prés

La sarriette des prés

Il existe de nombreux types différents de l'herbe du couperet. Les plus communes et les plus faciles à trouver sont probablement l'ivraie des prés et l'ivraie de Bardane (également appelée ivraie collante parce qu'elle colle à la peau ou aux vêtements).

On trouve de la sarriette des prés dans le monde entier. Elle a un effet diurétique et est donc souvent utilisée comme remède naturel. Il contient également de précieux flavonoïdes et des huiles essentielles. Les flavonoïdes aident à construire un système immunitaire fort et sont extrêmement efficaces contre les bactéries et les virus.

Les produits labourables peuvent également avoir un effet anticancéreux extrême, ce qui est également important pour les petits corps de cobayes.

Le lierre terrestre

Le lierre terrestre avec ses feuilles et ses fleurs

Le lierre terrestre appartient à la famille des labiées. Il contient de précieuses substances amères qui peuvent soutenir la digestion et le métabolisme de manière excellente. Le lierre terrestre contient également de la précieuse vitamine C, dont les cobayes ont un besoin urgent de l'extérieur.

En outre, le lierre terrestre fournit par exemple de précieuses huiles essentielles, des agents tannants ayant un effet antibactérien et anti-inflammatoire, de l'acide silicique et du potassium. On trouve le plus souvent le lierre terrestre dans les prairies, les jardins ou sur les berges. Il aime le climat humide.

Dans un mélange, le lierre terrestre est très facile à manger. Toutefois, il ne doit être proposé qu'en petites quantités, mélangé à beaucoup d'herbe et d'autres plantes, et non comme aliment primaire.

SUPER POOPERS – RÉGIME ALIMENTAIRE APPROPRIÉ POUR LES COCHONS D'INDE

Couvrir en détail toutes les herbes sauvages comestibles ici dépasserait le cadre de ce guide. Peut-être que je rédigerai plus tard un manuel détaillé sur les herbes sauvages uniquement. Il y a tout simplement (heureusement) trop d'herbes qui peuvent être données aux cobayes.

Néanmoins, à la fin de ce chapitre, je vais énumérer quelques autres herbes sauvages que vous pouvez offrir à vos animaux et que l'on trouve fréquemment.

Si vous n'êtes pas sûr du type de plante que vous cueillez, je vous recommande d'utiliser une application pour l'identification des plantes ! Au début, j'utilisais une telle application tous les jours pour m'assurer que j'identifiais correctement les plantes. Je vous recommande l'application "Plantnet" en toute bonne conscience. Important : Ceci n'est pas une publicité. Je ne suis pas payé pour recommander cette application. La recommandation est uniquement basée sur mon expérience extrêmement bonne avec l'application. Dans l'application, vous pouvez prendre une photo de la plante et recevoir des suggestions quant à la plante qu'elle pourrait être. Ce n'est pas toujours clair. Il est préférable de prendre une photo de la plante entière avec les feuilles et les fleurs (le cas échéant).

Si vous n'êtes toujours pas sûr, quittez l'application et demandez d'abord à un professionnel. Vous pouvez également m'envoyer une photo de la plante et je serai heureux de vous aider à trouver la bonne !

Autres herbes sauvages comestibles pour les cochons d'Inde, qui sont populaires auprès de nombreux cochons d'Inde :

- *L'amarante*

- *Le quai*

- *Le plantain large*

- *Le plantain blanc*

- *Le plantain moyen*

- *Le cresson*

- *Le chardon*

- *La potentille*

- *Le millepertuis*

- *Le colza*

- *Le marigold*

- *L'oseille*

- *L'achillée millefeuille*

- *La célandine*

- *Le mouron des oiseaux*

- *Le thym*

- *La vesce d'oiseau*

SUPER POOPERS – RÉGIME ALIMENTAIRE APPROPRIÉ POUR LES COCHONS D'INDE

Veuillez ne pas nourrir les plantes (vénéneuses) suivantes (liste non exhaustive)

- *L'aloès*
- *L'arum*
- *Le lierre*
- *L'aconit*
- *La fougère*
- *Laburnum*
- *Le crocus d'automne (Mortel !)*
- *Les lis*
- *Les muguets (Mortel !)*
- *Le laurier-rose*
- *La belladone*

En cas de doute, veuillez toujours vérifier d'abord si une certaine plante est comestible pour les cobayes. Les humains et les animaux sont souvent différents les uns des autres, et cela peut également varier d'une espèce à l'autre.

SUPER POOPERS – RÉGIME ALIMENTAIRE APPROPRIÉ POUR LES COCHONS D'INDE

Arbres : feuilles et branches

Outre l'herbe, les herbes et les légumes à feuilles, les cochons d'Inde peuvent aussi être très bien nourris avec les feuilles des arbres - de nombreux cochons d'Inde aiment les feuilles des arbres.

Les feuilles de hêtre, de bouleau, de chêne et de noisetier sont les plus populaires auprès de mes cobayes. Il existe différentes espèces, qui peuvent toutes être nourries.

Le chêne

La plus grande caractéristique du chêne est qu'il stimule extrêmement bien la digestion et est efficace contre la diarrhée, par exemple. Nous savons déjà combien il est important de surveiller en permanence la digestion de vos cobayes. Le chêne peut stimuler correctement la digestion et bien réguler les activités intestinales.

Le chêne

Le bouleau

Comme l'ortie et le pissenlit, le bouleau a un effet diurétique. De plus, le bouleau peut avoir un effet anti-inflammatoire.

Le bouleau

Le hêtre

Le hêtre est également très populaire auprès des cobayes. C'est également une bonne chose, car cela peut aider à lutter contre les symptômes du rhume, mais aussi contre l'augmentation de la température. Il s'agit d'un remède naturel contre le rhume, pour ainsi dire.

Le noisetier

Le noisetier a - par rapport aux arbres décrits ci-dessus - des feuilles extrêmement tendres. On trouve le noisetier en rouge (bien que la couleur ait tendance à être violette) et en vert. Vous pouvez bien nourrir les deux espèces. La noisette fonctionne bien pour les maladies des organes internes, en particulier le foie et la bile.

D'autres arbres, dont les feuilles et les branches vous permettent de bien nourrir vos cochons d'Inde :

- *Le pommier*
- *L'abricotier*
- *Le bambou*
- *Le poirier*
- *Le mûrier*
- *L'épicéa*
- *Le pin*
- *La cerisier*
- *Le tilleul*
- *La mirabelle*
- *Le pêcher*
- *Le prunier*
- *Le sapin*
- *Le saule*
- *Les prunes*

SUPER POOPERS – RÉGIME ALIMENTAIRE APPROPRIÉ POUR LES COCHONS D'INDE

Veuillez ne nourrir en aucun cas les espèces d'arbres suivantes (toxique !) :

- *Le buis*
- *L'if*
- *Lucky bambou (n'est pas un vrai bambou)*
- *Le sureau*
- *Le laurel*
- *Le magnolia*
- *L'arbre aux merveilles*

Laitues

Les légumes à feuilles sont parfaits pour les cochons d'Inde. Par conséquent, la laitue peut être donnée sans hésitation aux cochons d'Inde et doit constituer une part importante de leur alimentation, surtout s'il n'est pas possible de les nourrir avec le pré.

Cependant, il existe parfois de grandes différences entre les différents types de laitues. Certaines variétés sont plus nutritives que d'autres et offrent une plus grande valeur ajoutée pour l'alimentation des cobayes. Il est également important d'acheter les salades fraiches et non dans les sachets ou divers produits conservateurs et autres sont ajoutés.

Les salades amères sont de loin les plus adaptées pour nourrir vos cochons d'Inde. Les substances amères qu'ils contiennent sont saines pour les humains et les cobayes. Alors que les humains n'aiment souvent pas le goût amer et essaient de le couvrir avec des vinaigrettes, etc. Pas étonnant que les feuilles de pissenlit extrêmement amères soient la nourriture préférée de mes cobayes !

Salade d'endives

Une salade d'hiver typique est par exemple la salade d'endives. C'est donc très pratique si l'on ne peut pas donner de prairie ou seulement quelques herbes en hiver.

Outre l'endive, la radicchio, la frisée et la chicorée sont également très faciles à nourrir. Mes cobayes préfèrent la radicchio ! Cela peut bien sûr varier d'un cobaye à l'autre. Il est préférable d'essayer si vos cochons d'Inde aiment toutes les salades amères ou préfèrent certaines variétés.

La salade de radicchio

Les substances amères contenues dans les salades ci-dessus sont extrêmement bonnes pour la digestion (super importante pour les cobayes !), la fonction biliaire et le foie. Les substances amères peuvent également avoir des effets analgésiques et anti-inflammatoires.

SUPER POOPERS – RÉGIME ALIMENTAIRE APPROPRIÉ POUR LES COCHONS D'INDE

Les salades amères sont également très riches en vitamines et contiennent par exemple de la vitamine C et diverses vitamines B. Mais les salades amères peuvent également fournir des minéraux importants comme le potassium.

D'autres salades très saines et savoureuses pour les cochons d'Inde sont la roquette (bien que la roquette soit en fait un chou), la laitue romaine, la lollo rosso et la mâche.

La salade de roquette

La mâche

La plupart des autres types de laitues sont plutôt déconseillées pour l'alimentation des cochons d'Inde ou ne doivent pas être données trop souvent. Il s'agit notamment de la laitue iceberg et de la laitue verte. Ces variétés de laitues ont une teneur en minéraux extrêmement faible et contiennent trop de nitrates.

Verdure de légumes gratuite au supermarché et au marché hebdomadaire

Si vous allez au supermarché ou au marché hebdomadaire, vous remarquerez que les gens laissent ou jettent généralement exactement les parties d'un légume qui sont un régal pour les cobayes et qui peuvent très bien leur servir de nourriture.

Qui parmi vous a déjà mangé des feuilles vertes de la carotte ? Ou des feuilles de chou-rave ? Ou des feuilles de chou-fleur ? Probablement pas beaucoup.

SUPER POOPERS – RÉGIME ALIMENTAIRE APPROPRIÉ POUR LES COCHONS D'INDE

Ces mêmes légumes sont très bons pour nourrir les cochons d'Inde. La plupart des cochons d'Inde sont particulièrement friands de feuilles de chou-rave ! Il est donc bien sûr très pratique que les gens ne mangent pas normalement ces parties de légumes.

Dans de nombreux supermarchés et sur le marché hebdomadaire, vous pouvez souvent emporter les feuilles des légumes gratuitement, car sinon ils seraient de toute façon jetés. Ainsi, le supermarché et/ou le commerçant est même soulagé d'un peu de travail en utilisant la verdure végétale d'une autre manière.

Bien entendu, vous devez d'abord demander s'il est permis de les emporter avec vous. J'ai plusieurs supermarchés dans mon quartier, qui sont heureux si je prends les feuilles des légumes pour mes cochons d'Inde., non seulement vous vous assurez que cette nourriture est utilisée après tout et ne devient pas un "déchet", mais vous économisez aussi énormément votre porte-monnaie !

Je veux notamment vous recommander les légumes suivants :

- *Les feuilles de chou-rave*
- *Les feuilles de carottes*
- *Les feuilles de chou-fleur*
- *Les feuilles des radis*
- *Les feuilles de céleri*

Les choux

Le chou convient parfaitement pour nourrir vos cochons d'Inde en hiver ! Nous avons déjà discuté des herbes et des plantes que l'on peut aussi trouver à l'extérieur en hiver. Cependant, cela ne suffira probablement pas à nourrir complètement vos cobayes, ce qui est très bien.

L'essentiel de votre alimentation hivernale doit être constitué de salades amères et de différents types de choux. On prétend souvent à tort que le chou gonfle et provoque donc des gaz. Cela n'est vrai que dans trois circonstances, qui doivent toutes être évitées de toute façon, même si aucun chou n'est nourri :

SUPER POOPERS – RÉGIME ALIMENTAIRE APPROPRIÉ POUR LES COCHONS D'INDE

1. Si des pellets ou du fourrage sec conventionnel sont donnés en plus du chou. Les granulés et la nourriture sèche de l'animalerie sont, comme nous l'avons déjà dit, complètement inutiles et contre-nature. Si vous donnez à vos cochons d'Inde de la nourriture sèche/des granulés et que vous voulez arrêter de les nourrir, vous devez attendre environ deux semaines avant de leur offrir du chou.

2. Si vous ne nourrissez pas le chou lentement. Si le changement d'alimentation est trop rapide, des problèmes digestifs peuvent toujours survenir car la digestion du cobaye n'a pas eu le temps de s'adapter à la nouvelle nourriture. Il en va donc de même pour le chou : il faut le nourrir lentement pendant plusieurs jours. Le premier jour, par exemple, vous pouvez offrir un morceau de la taille d'un ongle, le lendemain un morceau de la taille d'un doigt, le lendemain une feuille, etc. À condition, bien sûr, que vos cobayes réagissent bien à la nouvelle nourriture.

3. Si votre cochon d'Inde ne fait pas assez d'exercice. L'exercice est très important pour une bonne digestion. Cela est également vrai pour les humains.

Certains types de choux ont une teneur assez élevée en hydrates de carbone de poids moléculaire élevé et ne doivent donc être nourris qu'en petite quantité. Ces types de glucides peuvent en effet favoriser le dégazage s'ils sont consommés en trop grande quantité et/ou si un cobaye particulier a une digestion sensible.

Ces types de choux ont également une teneur élevée en fibres liant l'eau, une autre raison pour laquelle ils doivent être consommés avec modération. Ce sont les choux de Bruxelles, le chou rouge, le chou blanc et le chou de Savoie.

En dehors de cela, tous les autres types de choux sont très bien tolérés. Selon mon expérience, les plus populaires sont le chou-rave et le chou frisé. Le chou-fleur, le chou chinois, le pak choi et le brocoli sont également populaires.

Autres légumes

De nombreux autres légumes peuvent parfaitement compléter le menu de vos cobayes. La quantité de légumes que vous donnez en plus dépend de la quantité et de la fréquence avec lesquelles vous pouvez et voulez nourrir des plantes de pré, les herbes, les feuilles, les laitues etc. De nombreux propriétaires de cochons d'Inde nourrissent leurs animaux exclusivement avec de l'herbe fraîche provenant de la nature, du printemps à l'automne.

La possibilité pour vous de le faire dépend de nombreux facteurs, tels que le lieu où vous vivez, le temps dont vous disposez, etc. Certaines personnes peuvent trouver beaucoup d'herbe dans leur environnement et peut-être trois ou quatre herbes différentes, mais cela ne serait pas assez varié pour couvrir tous les besoins et les cobayes ont donc un choix relativement large.

C'est pourquoi nous voulons maintenant examiner de plus près certains légumes courants, facilement digestibles et précieux pour le cobaye.

Le fenouil

Le fenouil est l'un des meilleurs remèdes contre les maux d'estomac. Peut-être vous a-t-on donné du thé au fenouil dans votre enfance pour des maux d'estomac et vous continuez à prendre ce thé à l'âge adulte lorsque quelque chose dans votre estomac ou votre abdomen vous fait mal ou doit être rééquilibré. Le fenouil fonctionne tout aussi bien pour les cochons d'Inde. Le goût du fenouil est très apprécié des cobayes, en particulier la partie inférieure et interne du bulbe de fenouil est souvent très populaire. Malgré ses propriétés très bonnes et facilement digestibles, le fenouil ne doit pas être l'aliment principal, mais il peut aussi être servi quotidiennement en accompagnement.

Les poivrons

Tous les types de poivrons conviennent comme fourrage. Il m'a fallu un certain temps pour trouver quelle partie des cobayes au poivre aime le mieux : l'intérieur ! Ici encore, les cochons d'Inde et les humains se complètent à merveille. Alors que les humains coupent les parties blanches internes des poivrons et des graines, c'est la partie la plus délicieuse de ce légume pour les cochons d'Inde. Le paprika est également une source de vitamine C.

Faites attention à ne pas nourrir la tige verte du paprika. Ce n'est pas digestible, car la tige verte contient beaucoup de solanine. Mes cobayes semblent le savoir intuitivement, ou alors ça n'a pas bon goût, mais en tout cas, la tige (ou le reste de la tige) est toujours grignotée jusqu'au bout et laissée à l'abandon.

La tomate

Toutes les variétés de tomates peuvent servir d'aliments pour animaux. L'idéal est cependant de ne pas nourrir les tomates trop souvent ou de ne les offrir qu'en petites quantités, car elles sont relativement acides. Dans le cas de l'ecthyma contagieux, vous devez généralement éviter tous les types de légumes et de fruits acides. Veillez également à ne pas nourrir le vert de la tomate. Cela peut être toxique en raison de la teneur élevée en solanine. En dehors de cela, la tomate ne pose aucun problème et peut être offerte de temps en temps.

La carotte

Les carottes sont partie des légumes-tubercules et sont extrêmement populaires auprès de la plupart des cochons d'Inde. Ils peuvent être nourris. Toutefois, comme elles sont relativement riches en calories pour les cochons d'Inde, les carottes ne devraient pas constituer une part importante de l'alimentation, mais être un meilleur accompagnement ou un meilleur en-cas. Au fait : ne soyez pas surpris si vos cobayes mordent des morceaux de carotte et les recrachent immédiatement. Parfois, ils répandent ces morceaux partout. Il m'a fallu un certain temps pour comprendre pourquoi mes cobayes font cela : Parfois, ils n'aiment pas la peau de la carotte et se contentent de la grignoter pour atteindre le noyau (plus sucré). Les autres jours, ils mangent la carotte entière. Cela varie d'une variété à l'autre et probablement d'un cochon d'Inde à l'autre.

Le concombre

Pour beaucoup des personnes, le concombre est l'aliment standard typique des cochons d'Inde. Mais le concombre n'est pas trop bon pour l'organisme du petit cobaye, car il fournit presque exclusivement de l'eau et presque pas de nutriments. De nombreux cochons d'Inde n'aiment que la peau du concombre et laissent le reste. Ici, il faut bien sûr veiller à ce que les concombres soient de qualité biologique, car les pesticides se trouvent souvent sur la peau du concombre. En été, les concombres peuvent être utilisés pour se rafraîchir, par exemple dans un bain d'eau peu profonde, dans lequel les cobayes peuvent pêcher les tranches de concombre. Surtout les jours de grande chaleur, vous pouvez également vous assurer que vos cochons d'Inde boivent suffisamment de liquide pour éviter la déshydratation en leur donnant des concombres.

Les légumes suivants ne conviennent pas comme aliments pour cobayes :

- *Les avocats*
- *Les haricots*
- *Les champignons*
- *Les piments*
- *Les pommes de terre*
- *Le raifort*
- *Les olives*
- *Les radis*
- *La rhubarbe*
- *Les oignons*

Les friandises

Oui, nous devons nourrir nos animaux d'une manière adaptée à leur espèce et saine. Beaucoup de foin, d'herbe, d'herbes sauvages, de feuilles, de brindilles, de laitue, de choux... Mais entre nous, vous arrive-t-il de vous offrir un morceau (ou une barre) de chocolat ? Un paquet de chips ? La plupart des gens se "gâtent" au moins de temps en temps, alors je pense qu'il est légitime de gâter nos animaux aussi ! Après tout, la nourriture ne rend pas seulement les gens heureux, mais aussi les cochons d'Inde.

Les favoris absolus de mes cobayes sont les graines de tournesol (sans peau !) et les flocons de pois.

Les graines de tournesol sont riches en vitamine E, B1, B3, B6, magnésium, zinc et fer. Ce sont également de purs aliments complets, donc ils se présentent exactement sous cette forme dans la nature. Bien sûr, les cobayes ne sont pas des mangeurs de noix, de graines et de grains. Mais entre les deux, les graines de tournesol sont saines. Ils sont également très efficaces contre la peau sèche.

Mais en même temps, les graines de tournesol sont très riches en matières grasses et près de la moitié d'entre elles sont composées de graisses - elles peuvent donc bien sûr aussi vous faire grossir en excès. En aucun cas, les graines de tournesol ne doivent être offertes en quantité illimitée dans un bol ou autre, mais idéalement nourries à la main.

D'une part, l'alimentation à la main renforce le lien et la confiance entre vos animaux et vous. En même temps, elle favorise la communication. D'habitude, mes cochons d'Inde ne reçoivent leur gâterie que lorsqu'ils se sont tenus sur leurs pattes arrière. Un peu d'exercice (en plus de la course et du saut) est enfin important.

Au début, je tenais simplement une graine de tournesol au-dessus du nez des animaux pour qu'ils puissent se tenir sur leurs pattes quand ils voulaient l'attraper. S'ils ne comprenaient pas cela, je tenais d'abord la graine jusqu'à leur nez, puis je levais lentement ma main, pour qu'ils suivent ma main et se tiennent sur leurs pattes arrière.

Les graines de tournesol

Cela aide aussi mes cobayes à communiquer avec moi. Je suppose que nous connaissons tous les bruits de grincement quand nous bricolons avec un sac ou que nous ouvrons le réfrigérateur. Nos animaux sont conditionnés au fait qu'il y aura très probablement de la nourriture qui sera soit déballée d'un sac, soit sortie du réfrigérateur - ils se mettent donc à couiner très fort dans une joyeuse anticipation. Ou peut-être parce qu'ils pensent que nous faisons notre propre nourriture - et ils veulent faire remarquer qu'ils veulent aussi quelque chose.

Maintenant, mes animaux peuvent aussi me dire sans équivoque s'ils veulent une friandise - alors ils s'approchent de moi et se tiennent sur leurs pattes arrière. C'est le signe pour moi : « Salut maman, regarde, je suis bien debout sur mes pattes arrière - maintenant, s'il te plaît, donne-moi ma gâterie ! »

Lorsque des amis me rendent visite, mes animaux viennent parfois courir vers mes amis, les regardent et se tiennent sur leurs pattes arrière. Logiquement, mes amis ne comprennent pas ce signe et le trouvent juste mignon. Ensuite, je dois d'abord expliquer que l'animal ne fait que communiquer avec eux et leur demander une gâterie. Et cela sera récompensé !

Les flocons de pois sont également très populaires. Les flocons de pois sont entièrement constitués de pois secs, qui sont ensuite pressés en flocons.

Étant donné que les cochons d'Inde ont généralement un régime alimentaire très hydraté et pauvre en calories, il est logique que les flocons de pois soient des bombes caloriques pour un petit cochon d'Inde. C'est pourquoi ils doivent également être proposés avec modération comme quelque chose de "spécial" et n'être nourris que de manière contrôlée.

Pour le cobaye, les flocons de pois sont ce que le chocolat est pour l'homme - mais les pois fournissent de nombreuses vitamines et minéraux (vitamines A, C, E, K, vitamines B, acide folique, magnésium, calcium, zinc, fer). Les flocons de pois peuvent être proposés comme en-cas - mais pas en quantité illimitée, mais seulement de manière contrôlée. Les friandises ne doivent jamais être offertes en grande quantité ou dans de bols. De cette façon, l'anticipation de l'animal est préservée à chaque fois.

D'autres friandises populaires et possibles pour les cochons d'Inde sont par exemple :

- Les myrtilles
- Les morceaux de pommes
- Les mûres
- Les morceaux de banane
- Les framboises
- Les raisins
- Les canneberges
- Les graines de courge
- La graine de lin
- Le cumin

SUPER POOPERS – RÉGIME ALIMENTAIRE APPROPRIÉ POUR LES COCHONS D'INDE

Lana aime ses flocons de pois.

Les granulés et les aliments secs

L'erreur la plus courante commise lors de l'élevage de cobayes est l'utilisation de granulés ou d'aliments secs à base de céréales. Si vous aussi avez nourri vos cochons d'Inde avec des granulés, ne vous en voulez pas. Il y a tellement d'endroits qui le recommandent, surtout dans les mauvais guides et les animaleries.

Malheureusement, un tel régime est complètement étranger à l'espèce et provoque de nombreuses maladies, notamment des maladies du tube digestif et des problèmes dentaires, car il n'y a pas assez d'abrasion dentaire. On pourrait penser que les dents seraient bien frottées par les boulettes dures après tout. Malheureusement, ce n'est pas le cas, car les granulés se ramollissent rapidement et ne sont pas très bien mâchés. Le meilleur pour l'abrasion des dents est l'herbe (ou même la version sèche : le foin). Ici, les cobayes mâchent sans fin, ce qui est très important pour maintenir des dents saines.

De plus, les granulés et les aliments secs à base de céréales gonflent beaucoup. Ce n'est pas du tout bon pour un estomac aussi sensible que celui du cochon d'Inde.

Alors pourquoi les cobayes n'ont-ils pas besoin de nourriture sèche ? Le cochon d'Inde domestique tel que nous le connaissons est un descendant du cochon d'Inde tschudi. Il vient, comme nous le savons déjà, d'Amérique du Sud. Ce cochon d'Inde préfère vivre dans les régions montagneuses, surtout dans les Andes. Savez-vous quel climat il y a et ce qui y pousse ? Exactement, ici on trouve principalement des prairies et des forêts. Et qu'est-ce qu'ils y mangent ? Herbes et herbes sauvages ou plantes et feuilles sauvages. Aucune trace de granulés et/ou de grains.

Le cobaye est capable de transformer et de digérer des céréales et des grains. Mais cela ne signifie pas qu'il a été *physiologiquement créé* pour cela. Un tel régime alimentaire est étranger à l'espèce et, à long terme, rend le cochon d'Inde malade et probablement aussi gros.

C'est la même chose que pour les humains : L'homme n'a pas été créé pour manger de la viande. Bien sûr, l'homme peut transformer et digérer la viande. Mais cela ne signifie pas que, physiologiquement parlant, il a été créé pour manger de la viande. Selon sa physiologie, l'homme est un mangeur de fruits (qui comprend les légumes secs, les légumes, les produits complets, les noix et autres), tandis que le cochon d'Inde est un herbivore selon sa physiologie. La base du régime herbivore est constituée d'herbes et d'aliments à feuilles tels que les feuilles d'arbres et les légumes à feuilles ou les salades à feuilles. Si vous suivez un régime alimentaire étranger à l'espèce, vous tomberez tôt ou tard malade. Cela vaut pour les humains comme pour les cobayes.

Voyons donc la liste des ingrédients de certains grands producteurs d'aliments pour cochons d'Inde. Nous préférons ne pas mentionner de noms. La plupart des mélanges d'aliments pour animaux sont de toute façon composés de la même manière.

1. Céréales (blé, avoine, maïs, orge, entre autres) → Ici, vous pouvez en fait déjà arrêter de lire. Rien de tout

cela n'a sa place dans l'estomac d'un cochon d'Inde !

2. Les sous-produits végétaux ➔ Cela peut signifier tout et rien. "Sous-produits" est généralement un mot plus gentil pour "déchets". Sans blague. Pour l'industrie, ce n'est que du gaspillage. Afin de l'utiliser de manière rentable, il est mélangé à la nourriture du cobaye.

3. Les légumes secs, félicitations. Mieux vaut quelques légumes secs que pas du tout, non ?

4. Huiles et graisses ➔ Pourquoi ? Pourquoi !? Devrions-nous également tremper le pissenlit dans l'huile pour nos cobayes avant de le nourrir ? Totalement inutile et malsain. Il n'est même pas nécessaire que ce soient des graisses végétales - il peut aussi s'agir de graisses animales. Le cochon d'Inde est donc transformé en carnivore.

La situation est similaire pour le deuxième producteur d'aliments pour animaux. L'ingrédient principal est une fois de plus le grain. Suivent ensuite les sous-produits végétaux (c'est-à-dire les déchets), puis les fruits et légumes secs. Enfin, au moins. Et puis nous revenons aux huiles et aux graisses.

Ceci ou quelque chose de similaire ressemble à ceci chez tous les fabricants d'aliments pour animaux. Alors, s'il vous plaît, laissez tomber. Vos cobayes vous en remercieront.

Mais le pire, c'est que les aliments secs sont secs. Les cochons d'Inde ont besoin d'aliments aqueux, tels que les herbes et les légumes à feuilles mentionnés ci-dessus. Un cochon d'Inde bien nourri ne boira pratiquement pas d'eau, car il en absorbe déjà beaucoup par sa nourriture.

Néanmoins, vous devez toujours offrir de l'eau dans un bol. Je déconseille les bouteilles de boisson, car cela n'est pas conforme à la nature de l'animal. Dans la nature, presque tous les animaux s'abreuvent aux cours d'eau et autres, la tête baissée. L'eau du bol s'en rapproche le plus. Logique, n'est-ce pas ?

SUPER POOPERS – RÉGIME ALIMENTAIRE APPROPRIÉ POUR LES COCHONS D'INDE

Le changement de l'alimentation

Il est très important que tout changement de régime alimentaire se fasse ou doive se faire très lentement ! Le corps humain est plus robuste que le corps du cobaye et peut faire face à un nouveau type d'alimentation presque immédiatement. En revanche, les cochons d'Inde doivent s'habituer lentement à la nouvelle nourriture. Les cochons d'Inde qui ont été nourris jusqu'à présent avec des aliments secs et qui doivent maintenant être remplacés par de l'herbe, des herbes et des aliments feuillus ont besoin de temps. La flore intestinale doit d'abord s'habituer à tout ce qui est nouveau. Il est donc conseillé d'interrompre lentement l'alimentation sèche dans un délai d'une à deux semaines.

Cela signifie que moins de nourriture sèche est distribuée chaque jour. Dans le même temps, le volume des aliments frais est en constante augmentation. Par exemple, si un cochon d'Inde n'a jamais mangé d'herbe fraîche auparavant, donnez-lui quelques tiges le premier jour, un peu plus le deuxième jour, une poignée le troisième jour et ainsi de suite. Après environ une à deux semaines d'alimentation, le cochon d'Inde peut alors manger des aliments frais sans limite.

Dans le cas contraire, des problèmes digestifs tels que des gaz ou des diarrhées peuvent survenir. Cela semble paradoxal au premier abord, car les aliments frais sont censés être si sains et ne pas provoquer de maladies. C'est vrai. Cependant, le tube digestif du cobaye est si sensible qu'il ne peut pas faire face à des changements qui surviennent trop rapidement.

C'est également important pour l'hiver. L'expérience montre que l'on ne peut pas nourrir autant (voire pas du tout) d'herbe et d'herbes de l'extérieur en hiver qu'au printemps, en été et même en automne. Cependant, même en hiver, on peut encore trouver ici et là des herbes tenaces comme le pissenlit, les marguerites ou le plantain. C'est pourquoi vous devriez au mieux nourrir vos cochons d'Inde avec de petites quantités d'herbe et d'herbes en hiver également, si vous en avez la possibilité, afin de ne pas les sevrer complètement.

Si votre situation de vie ne le permet pas, c'est très bien - mais vous devrez à nouveau tout nourrir très lentement au printemps, car la digestion de vos cobayes a oublié la nourriture précédente et devra s'y habituer à nouveau.

Epilogue

J'espère que je vous ai aidé avec ce guide. Comme nous l'avons découvert, le cochon d'Inde est une créature très spéciale et très différente de l'homme. Il est donc important de connaître les besoins de cette espèce afin de pouvoir y répondre de la meilleure façon possible.

Si vous avez d'autres questions, n'hésitez pas à m'envoyer un courriel. Vous trouverez mon adresse électronique dans les mentions légales.

Enfin, cher lecteur : les critiques de produits sont la base du succès des auteurs. C'est pourquoi je vous serais très reconnaissant de me faire part de vos commentaires sur ce livre sous la forme d'une critique. Veuillez me faire savoir dans votre critique comment vous avez aimé le livre. De cette façon, vous aiderez aussi les futurs lecteurs et récolterez quelques points sur votre compte de karma ! Merci beaucoup.

Je vous souhaite beaucoup de plaisir avec vos cobayes, bonne chance et restez en bonne santé et heureux !

L'empreinte

Ce livre est protégé par le droit d'auteur. La reproduction par des tiers est interdite. L'utilisation ou la distribution par des tiers non autorisés dans tout média imprimé, audiovisuel, acoustique ou autre est interdite. Tous les droits restent la propriété exclusive de l'auteur.

Titre du livre : Super Poopers – Régime alimentaire approprié pour les cochons d'Inde – Un guide sur l'alimentation appropriée pour les cobayes et sur la manière de réduire vos coûts

Auteur : Alina Daria Djavidrad

Contact : Wiesenstr. 6, 45964 Gladbeck, Allemagne

Courrier électronique : info@simple-logic.net

Site web : https://www.simple-logic.net

2020 Alina Daria Djavidrad

1ère édition (2020)

SUPER POOPERS – RÉGIME ALIMENTAIRE APPROPRIÉ POUR LES COCHONS D'INDE

Printed in France by Amazon
Brétigny-sur-Orge, FR